AF357981

12 février 1870

Baré

1870 99

Noms des vendeurs

Vente du Samedi 12 Février 1870

SALLE N° 2

Exemplaire de Baré.

TABLEAUX

ANCIENS

DES DIVERSES ÉCOLES

EXPOSITION PUBLIQUE

Le Vendredi 11 Février 1870

M° CHARLES OUDART, COMMISSAIRE-PRISEUR

M. ÉMILE BARRE, EXPERT

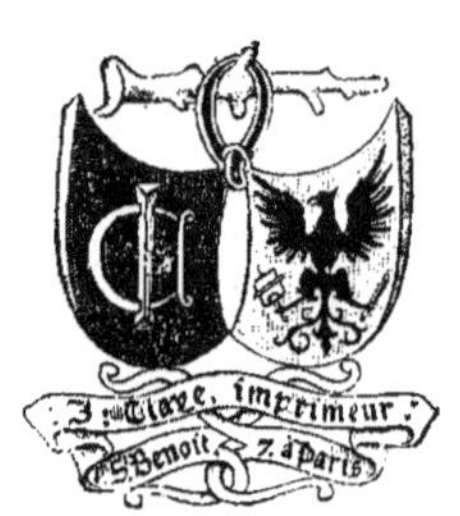
J. Claye, imprimeur
S. Benoit, 7. à Paris

CATALOGUE

DES

TABLEAUX

ANCIENS

DES DIVERSES ÉCOLES

DONT LA VENTE AURA LIEU

HOTEL DROUOT, SALLE N° 2

Le Samedi 12 Février 1870

PAR LE MINISTÈRE DE Me CHARLES OUDART, COMMISSAIRE-PRISEUR

26, boulevard des Italiens

ASSISTÉ DE M. ÉMILE BARRE, EXPERT

20, Chaussée-d'Antin

Chez lesquels se délivre le présent Catalogue.

EXPOSITION PUBLIQUE

LE VENDREDI 11 FÉVRIER 1870, DE 1 HEURE A 6 HEURES

CONDITIONS DE LA VENTE

Elle sera faite au comptant.

Les acquéreurs payeront *cinq pour cent* en sus du prix d'adjudication.

L'Exposition mettant le public à même de se rendre compte de l'état des tableaux, il ne sera admis aucune réclamation une fois l'adjudication prononcée.

DÉSIGNATION
DES TABLEAUX

ARTOIS (van).

1. — Paysage avec cours d'eau & figures.

BATTONI (Pompeo).

2. — Saint Jean.

BRÉEMBERG.

3. — Vue de la terrasse d'un château.

BREUGHEL.

4. — Le Paradis terrestre.

BREUGHEL.

5. — Adam & Ève chassés du Paradis terrestre.
(Pendant du précédent.)

BREUGHEL.

6. — Le Départ pour le marché.

BREUGHEL.

7. — L'Abreuvoir.

BRILL (Paul) ET TÉNIERS.

8. — Paysage avec figures.

CORNEILLE (de Lyon).

9. — Portrait de dame en costume rouge orné de fourrures.

COYPEL (Antoine).

10. — L'Enlèvement de Proserpine par Pluton.

CUYP (A.).

11. — Village de la Hollande, avec figures.

DEMACHY.

12. — Paysage des environs de Paris.

DEMARNE.

13. — La Halte à l'hôtellerie.

DEMARNE.

14. — La Halte à la ferme.

DIETRICK.

15. — Vieillard à barbe assis dans un fauteuil.

ECKOUT (van).

16. — Portrait de guerrier.

EISEN.

17. — Intérieur d'une famille d'artistes.

FLINCK (G.).

18. — Portrait d'homme.

FRAGONARD.

19. — La Surprise.

ÉCOLE FRANÇAISE.

20. — Portrait de dame en costume de Suissesse.

ANCIENNE ÉCOLE FRANÇAISE.

21. — Portrait de dame.

FERG (F.).

22. — Le Concert dans le parc.

GIORDANO (L.).

23. — Allégorie de la Charité.

RENI (Guido).

24. — Saint en extase.

HALS (F.).

25. — Tête de vieille femme (très-belle étude)

ÉCOLE ITALIENNE.

26. — Sainte Famille.

ÉCOLE ITALIENNE.

27. — Vierge & Enfant Jésus.

KRANACK (L.).

28. — Judith.

LEBRUN-VIGÉE (MADAME).

29. — Portrait de dame en costume Louis XV.

LÉLY (LE CHEVALIER).

30. — Portrait d'homme.

LÉLY (LE CHEVALIER).

31. — Scène d'intérieur.

LOO (VAN).

32. — Jeune femme dessinant.

MAÈS (N.)

33. — Portrait de dame.

MASSACCHIO.

34. — Portrait d'homme en costume noir.

NETSCHER (Constantin).

35. — Portrait d'une princesse d'Orléans en costume mythologique, avec armoiries & devises.

PÉTERS (B.).

36. — Marine.

ROTTENHAMER.

37. — Sujet allégorique.

ROTTENHAMER.

38. — Sujet mythologique.

M. S. (*signé*).

39. — Paysage avec ruines & figures.

M. S. (*signé*).

40. — Pendant du précédent.

SENAVE.

41. — La Ménagère.

SCHALKEN.

42. — Portrait d'homme à barbe.

SCHALKEN.

43. — Pendant du précédent.

STECK (van) (*signé*).

44. — Nature morte.

TÉNIERS.

45. — Portrait d'homme à barbe.

TERBURG.

46. — Scène d'intérieur.

TILBORG (*signé*).

47. — Intérieur de taverne flamande.

VERBOOM.

48. — Vue de Harlem.

VRIES (DE).

49. — Canal de la Hollande avec moulins à vent.

PARIS. — J. CLAYE, IMPRIMEUR, 7, RUE SAINT-BENOIT. — [216]

www.ingramcontent.com/pod-product-compliance
Lightning Source LLC
LaVergne TN
LVHW010854180726
843502LV00010B/3900